# Drei Schultüten für Katrin

Text: Anne Maar | Illustrationen: Pe Grigo

Als Katrin aufwacht, ist es ganz still in der Wohnung. Mama und Papa schlafen noch, aber Katrin ist viel zu aufgeregt, um liegen zu bleiben. Heute ist doch ihr erster Schultag! Sie springt aus dem Bett und läuft gleich zu der roten Schultasche, die sie bekommen hat. Das gelbe Mäppchen mit den neuen Buntstiften und dem Radiergummi hat sie schon eingepackt. Katrin guckt sich alles noch einmal an. Nachher, wenn Mama und Papa mit ihr zur Schule gehen, bekommt sie noch eine Schultüte mit lauter Süßigkeiten und Überraschungen drin. Katrin freut sich schon sehr darauf.

Mama und Papa sind immer noch nicht wach! Katrin ist ganz ungeduldig. Aber Mama und Papa haben es nicht gerne, wenn Katrin sie weckt. Wenn sie schon mal den Frühstückstisch deckt, dann wachen sie vielleicht vom Klappern der Teller auf ... Als sie gerade die Tassen auf den Tisch stellt, kommt Mama aus dem Schlafzimmer. »Katrin!«, sagt sie ganz erschrocken und Katrin erschrickt auch – war sie doch zu laut?

»Wir haben verschlafen!«, sagt Mama. »Warum hast du uns denn nicht geweckt?!«
»Ich soll doch nicht!«, antwortet Katrin. Aber Mama hört gar nicht zu, sondern hastet an ihr vorbei ins Bad.
Papa sagt wenigstens »Guten Morgen, Katrin« und »Zieh dich schnell an!«, bevor er auch im Bad verschwindet.
Sonst legt Mama immer die Kleider heraus, aber heute entscheidet Katrin selbst, was sie anzieht.
»Wie siehst du denn aus?«, fragt Mama, als sie kurz darauf mit einem Brot in der Hand ins Zimmer kommt.
»Schön, was?«, sagt Katrin.
Mama schaut auf ihre Uhr. »Zum Umziehen haben wir keine Zeit mehr.«
»Es ist zwanzig vor neun«, ruft Papa aus dem Flur. »Wir müssen los!«
Mama zieht sich schon die Jacke über, da fragt Katrin:
»Krieg ich jetzt meine Schultüte?«

»Achgottachgott«, sagt Mama, »natürlich.«
»Wo ist die denn?«, fragt Papa. Einen Moment wird es ganz still, weil Mama überlegt.
»Im Badschrank«, sagt sie dann.
»Nein, da habe ich schon geguckt«, sagt Papa.
»Aber da muss sie sein«, sagt Mama und läuft ins Bad. Papa rennt ins Wohnzimmer. Und Katrin sucht in der Küche.

Das Telefon klingelt.
»Achgottachgott, auch das noch. Geh mal einer ran!«, ruft Mama.
»Wo hab ich denn bloß die Tüte versteckt ...«
Katrin hebt ab. Es ist Oma. »Hallo, mein Schatz, da hab ich ja Glück gehabt, dass ich dich noch erwische. Ich wünsch dir alles Gute zum Schulanfang!«
»Danke«, sagt Katrin. »Wir haben verschlafen und jetzt findet Mama die Schultüte nicht.«
»Wirklich?«, fragt Oma.
»Wir müssen sofort los!«, ruft Papa.
»Wir gehen jetzt«, sagt Katrin. »Tschüs, Oma.«

Mama und Papa nehmen Katrin an der Hand. Katrin muss rennen, um mit ihnen Schritt halten zu können. Beim nächsten Geschäft machen sie Halt, wegen der Schultüte. Aber die sind alle ausverkauft.

»Achgottachgott«, jammert Mama, und Katrin fängt an zu weinen.

»Wir finden bestimmt noch eine«, versucht Papa sie zu trösten und Mama nimmt sie in den Arm.

»Ich geh schon mal vor und guck beim nächsten Supermarkt«, sagt Papa und läuft weg.

Katrin und Mama laufen weiter. Endlich kommt Papa wieder. In der Hand hält er eine Schultüte, eine kleine, verbeulte aus Pappe, die schon fertig gefüllt ist. Katrin bekommt sie in die Arme gedrückt, und dann hetzen sie weiter zur Schule.

Als sie dort ankommen, sind schon keine Kinder mehr zu sehen. Dafür steht Oma mit einer großen bunten Schultüte am Eingang.

»Das geht doch nicht, das Kind ohne Schultüte am ersten Schultag«, sagt sie.

Jetzt hat Katrin zwei Schultüten.

Zu viert gehen sie in das Schulhaus. In einem großen Raum sind alle Kinder versammelt, die in die Schule kommen. Mama und Papa lassen sich erschöpft auf die Stühle fallen, Oma setzt sich neben sie. Katrin geht nach vorne zu den Kindern. Sie entdeckt einen freien Platz neben einem Mädchen mit zwei Zöpfen.
»Warum hast du denn zwei Schultüten?«, fragt das Mädchen.
»Weil wir heute verschlafen haben«, antwortet Katrin.
»Ach so«, sagt das Mädchen.

Es werden Reden gehalten und Lieder gesungen und dann werden die Kinder auf die Klassen verteilt. Katrin sitzt am gleichen Tisch wie das Mädchen mit den Zöpfen. Dann ist die Feier zu Ende.
»Ich mach dir heut dein Lieblingsessen«, sagt Papa auf dem Nachhauseweg.
»Hawaiitoast?«, fragt Katrin. Papa nickt.
Zu Hause ist der Tisch noch vom Frühstück gedeckt. Katrin legt nur noch Besteck dazu. Als Papa die Ananasdose oben aus dem Küchenschrank holen will und die Tür öffnet, fällt ihm eine große, bunte Schultüte entgegen.
»Ach, da ist sie, natürlich!«, sagt Mama. »Da hab ich sie vorgestern versteckt, damit Katrin sie auf keinen Fall finden kann.«

Feierlich überreicht sie die Tüte Katrin. »Hier, zu deinem ersten Schultag!«
»Das ist die schönste von allen dreien«, findet Katrin.
Nach dem Essen macht Papa ein Foto von ihr: Katrin mit der Schultasche auf dem Rücken und ihren drei Schultüten im Arm.

**Anne Maar,** geboren 1965 war als Regieassistentin und Drehbuchautorin tätig, bevor sie 1993 ihr erstes Kinderbuch veröffentlicht. Seit 2002 leitet sie das Fränkische Theater Schloss Maßbach. Ihre neuesten Bücher sind »Applaus für Caruso« und »Mehr Affen als Giraffen« (gemeinsam mit ihrem Vater).

**Pe Grigo,** Jahrgang 1972, zeichnet seit ihrem zweiten Lebensjahr. Als ausgebildete Druckvorlagenherstellerin studierte sie schließlich Grafik-Design mit den Schwerpunkten Zeichnung und Illustration. Seitdem lebt und arbeitet Pe glücklich als freie Illustratorin in Bielefeld. Sie hat zwei wunderbare Kinder.

# Das Bürsten-Blüten-Zitronenboot

Text: Kristina Dunker | Illustrationen: Marine Ludin

**D**ie schrumpelige Zitronenscheibe und die vertrocknete Blüte hatten schon bessere Zeiten gesehen. Immer wenn die Sonne ins Atelier schien, erinnerten sie sich an die Tage, an denen die Malerin hier arbeitete, Farben mischte, Blumen in eine Vase stellte, Tee mit Zitrone trank und sang. An einem solchen Tag waren sie einst beide auf dem Bord über der Spüle gelandet, für einen Augenblick zwischen Pinseln und allerhand Gefundenem abgelegt – und dann vergessen.

Ähnlich ging es der kleinen Bürste. Auch sie träumte dort oben vor sich hin und sehnte sich nach den Händen der Malerin, die sie nach getaner Arbeit schrubben durfte. Doch anders als bei Zitrone und Blüte gab es für die kleine Bürste noch eine zweite, eine heimliche Liebe: den Topfkratzer. Wie gern lag sie Borste für Borste an seinem silbrigen, drahtigen Rücken! Wie sicher und geborgen fühlte sie sich, wenn sie auf den Grund des Spülbeckens sanken und das warme Seifenwasser mit einem lauten Gurgeln über sie hinwegfloss! Mit ihm verstand sie sich ohne Worte; er war ihr Freund.

Doch nun lag sie hier oben und er unten neben dem Wasserhahn. Davon ahnte die Malerin natürlich nichts. Blüten und Bürsten sah sie – und übersah sie doch. Die Malerin hatte nur Augen für ihre Bilder und ihre Besucher, und als der Sommer kam, ging sie noch seltener als sonst ins Atelier, überließ die Dinge sich selbst und vergaß an ihrem letzten Arbeitstag sogar, die großen Fenster zu schließen. So kam eines Morgens mit dem Wind ein Gast ins Zimmer geflogen.
Die Elster war auf der Suche nach glänzendem Nistmaterial. Kurzentschlossen packte sie den Topfkratzer mit ihrem starken Schnabel und flatterte mit ihm davon. Starr vor Entsetzen sah ihr die Bürste nach. Auch Blüte und Zitrone hatten die Entführung mitbekommen. Stumm sackten sie noch weiter in sich zusammen.
»Wir können nichts tun«, dachte die Zitronenscheibe.

»Das ist der Lauf der Dinge, wir sind machtlos«, dachte die Blüte.
»Mein Freund!«, dachte die Bürste und fiel hinunter auf die Anrichte.
»Die Ärmste, sie braucht Trost«, entschied die Zitronenscheibe,
rollte über die Kante und landete senkrecht zwischen den Borsten der Bürste.
Wie ein geblähtes Segel steckte sie dort, und als die Blüte neben sie hüpfte,
sahen die drei aus wie ein Boot: Die Bürste mit ihrem hölzernen Griff
war der Rumpf, die Zitronenscheibe das Segel und die Blüte das Steuerrad.
»Nun brauchen wir nur noch guten Wind«, hoffte die Bürste, und
glücklicherweise kam bald eine Bö, die das Dreigespann ergriff und es zum
Fenster heraushob. Unterhalb des Hauses der Malerin befand sich
ein Flüsschen.

Das Bürsten-Blüten-Zitronenboot fiel hinein und nahm sofort Fahrt auf. Die Strömung war stark. Wasser schwappte über den Bug. Das Boot bekam Schlagseite. Und nirgendwo war der Topfkratzer zu sehen.

Plötzlich schnappte eine Ente nach der Zitronenscheibe und riss sie ab. Hilflos mussten Bürste und Blüte ansehen, wie die Ente die Zitrone kostete und wieder ausspuckte. Während das Bürsten-Blütenboot weitertrieb, trudelte die Zitrone über das Flüsschen. Ein Marienkäfer, der kurz davor war, zu ertrinken, kletterte mit letzter Kraft auf sie, trocknete seine Flügel und flog erleichtert davon.

Davon wussten die Bürste und die Blüte schon nichts mehr.
Sie trieben weiter am Ufer entlang, bis ein Kind die Blüte sah.
Die trockene Blüte war im Wasser wundersamerweise
aufgegangen. »Eine Pusteblume! Ich darf mir was wünschen!«
Das Kind pflückte die Blume vom Boot, blies die Samen in die
Luft und wünschte sich, dass es endlich den Papa wiedersähe.
Der Wunsch ging noch am Abend in Erfüllung, aber davon erfuhr
die Bürste natürlich auch nichts.

Allein trieb sie weiter und weiter, bis sie sich in
der Abenddämmerung in einem Geäst verfing, einer Biberburg.
Und wen sah sie da noch zwischen den Zweigen liegen? Den Freund!
»Ich bin geflogen«, sagte der Topfkratzer.
»Ich bin geschwommen«, sagte die Bürste.
Das war ein frohes Wiedersehen!
»Der Elster bin ich zu schwer geworden, da hat sie mich fallenlassen.
Nun wird uns niemand mehr finden und niemand mehr brauchen:
die Elster nicht, die Malerin nicht ...«

»Hauptsache, wir sind zusammen«, murmelte die Bürste glücklich.
»Und wenn wir den Biber nicht zu sehr stören, können wir hier vielleicht ein Weilchen bleiben.«
Der Biber war einverstanden. Woran kann man sich schließlich besser den Rücken scheuern?

Die Malerin bemerkte den Verlust nicht. Sie kaufte eine neue Bürste, neue Topfkratzer, neue Farben, Blumen, Tee und Zitronen. Aber eines Tages ging ihr durch den Kopf, dass man auch den kleinen Dingen mehr Aufmerksamkeit schenken könnte.

**Kristina Dunker,** Jahrgang 1973, studierte Kunstgeschichte und Archäologie in Bochum und Pisa. Ihr erstes Buch veröffentlichte sie mit 17. Seitdem hat sie mehrere Romane für Jugendliche veröffentlicht und schreibt seit einiger Zeit auch für Kinder (und für den Gecko). Ihr aktuelles Buch ist die in Reimen erzählte Geschichte »Drache Max macht Rabatz«.

**Marine Ludin,** geboren 1971 in Paris, wuchs in Südfrankreich auf. Sie hat an der Kunsthochschule in Nancy und an der FH Hamburg Illustration studiert. Heute lebt sie in Heidelberg und arbeitet als freie Illustratorin.

Teil eins der dreiteiligen Geschichte um Lilo Lustig

# Lilo Lustig hat einen Vogel

Text: Norbert Holoubek | Illustrationen: Antje Damm

Es ist Herbst. Die Sonne scheint, die Welt ist rund,
der Himmel ist blau, der Hund ist lila. Herrlich ist das Leben.
Lilo Lustig steht im Garten und schaut in den Himmel.
Die Wolken ziehen so schnell vorüber, dass ihr ganz schwindlig
wird. Ein Vogel flattert hilflos in der Luft.
»Hoffentlich schafft er es bis Afrika!«, murmelt Lilo,
denn sie weiß, dass viele Vögel im Herbst in den Süden fliegen,
und im Süden, da ist Afrika.

Da dreht sich der Sturm plötzlich, einfach so. Der Vogel landet unsanft im Garten, direkt zu Lilos Füßen und den lila Pfoten von dem Lila Hund. Langsam hebt der Vogel sein Köpfchen und piept ganz jämmerlich.
»Armes Vögelchen. Wie kommst du denn jetzt nach Afrika?«
Lilo macht sich Sorgen.
»Ich hab's!« Lilo hat eine Idee.
»Ich schicke dich mit der Post.« Lilo nimmt den armen Vogel ganz behutsam hoch und trägt ihn in das Familie-Lustig-Haus.
Der Lila Hund trabt hinterher. Er will auch von Lilo getragen werden, aber Lilo achtet nicht auf ihn.
Mama Lustig steht in der Küche und macht ein Brathähnchen.
»Das darf das Vögelchen aber nicht sehen. Sonst glaubt es noch, ich will Suppe aus ihm machen.«

Im Lilo-Lustig-Zimmer steht eine leere Schuhschachtel.
Da kommt das Vögelchen hinein. Deckel drauf.
Auf den Deckel schreibt sie »AFRIGA«. Mit einem schwarzen dicken Farbstift.
Fertig. Das Piepen von dem Vögelchen ist kaum noch zu hören.
»Das geht doch nicht. So bekommt der Vogel ja keine Luft. Bis er in Afrika ankommt, ist er bestimmt erstickt.« Das will Lilo nicht.
»Wenn du nicht nach Afrika kannst, dann muss Afrika eben zu dir kommen.«
Super Idee. Aber wie?
»In Afrika gibt es Dschungel. Wie in den Tarzanfilmen.« Es gibt viele Topfpflanzen im Familie-Lustig-Haus. Die trägt sie alle in ihr Zimmer.
Sogar den vertrockneten Weihnachtsbaum vom letzten Jahr holt Lilo aus dem Keller.
Den wollte Papa Lustig schon längst mal verbrennen. Aber er hat immer so viel zu tun.

Wie ein richtiger Dschungel sieht das aus.
Das Vögelchen schaut verdutzt. Der Lila Hund auch.
Lilo ist zufrieden. Reicht aber noch lange nicht. Mehr Afrika muss her.
»In Afrika haben die Menschen eine schöne schwarze Hautfarbe.
Wie meine Freundin Tamara.« Na klar. Lilo muss schwarz werden.
Aber wie? Sie versucht mit ihrem schwarzen Stift, sich anzumalen.
Aber das will nicht klappen.

Lilo schleicht in das Papa-und-Mama-Lustig-Zimmer. Papa Lustig liegt auf dem Bett und schläft. Mitten am Tag. Es ist Sonntag. Da schläft der Papa gerne mitten am Tag. Weil er sonst immer so viel zu tun hat. Der Schminkkasten von Mama Lustig liegt in der untersten Schublade. Aber da gibt es nichts zum schwarz anmalen. Nur roten Puder. Schnell malt sich Lilo mit einem Pinsel das Gesicht ganz rot an. Das kitzelt. Das ist bestimmt verboten. Aber schließlich macht sie es ja nur für das Vögelchen. Jetzt ist sie zwar rot und nicht schwarz, aber das ist Lilo egal. »Dann bin ich halt ein Afrikaner mit Sonnenbrand.«

Als sie wieder in ihr Zimmer zurückkommt, erschrickt der Lila Hund ganz fürchterlich. Eine rote Lilo hat er noch nie gesehen. Aber noch mehr erschrickt das Vögelchen. Aufgeregt flattert es an die Decke. Es scheint ihm wieder richtig gut zu gehen. Lilo macht das Fenster auf und das Vögelchen fliegt hinaus, hoch in den Himmel zu den Wolken. Dort piept es fröhlich, als wollte es sich verabschieden. Ein Vogelschwarm fliegt über den Himmel und nimmt mit dem nächsten Windstoß das Vögelchen mit – direkt nach Afrika. Hurra!

In der Nacht hat Lilo Lustig einen Traum. Lilo träumt, dass das Brathähnchen einfach aus dem offenen Fenster fliegt und sich Richtung Afrika davonmacht. Mama Lustig läuft ihm hinterher, um es wieder einzufangen. Papa Lustig steht im Garten und verbrennt den Weihnachtsbaum. Dabei hat er fast gar nichts an und tanzt um das Feuer.
Der Lila Hund schwingt wie Tarzan an den Lianen von Apfelbaum zu Apfelbaum.
Und Lilo? Die ist Jane und sagt: »Du lila, ich Lilo.«

Natürlich nur im Traum!!!

**Norbert Holoubek** wurde 1970 in Wien geboren. Er ist Schauspieler, Musicaldarsteller und schreibt Geschichten und Theaterstücke für Kinder und Erwachsene. Lilo Lustig und der Lila Hund erfand er zunächst als Weihnachtsgeschenk für die Kinder, mit denen er arbeitet. Die Geschichten erfreuten sich so großer Beliebtheit, dass es inzwischen unzählige Abenteuer von den beiden gibt.

**Antje Damm** in Wiesbaden geboren, studierte Architektur in Darmstadt und Florenz. Heute arbeitet und lebt sie mit ihrer Familie in Hessen. Die Architektur spielt inzwischen nur noch eine Nebenrolle, stattdessen lässt sie sich von ihren vier Töchtern zum Schreiben, Zeichnen, Fotografieren und Collagieren inspirieren.

# Sachen machen

von Christiane Reikow

## Ta-ta-ta-tatam

Was gehört noch zu Afrika?
– Na klar, eine Trommel!

Eine Trommel, die richtig gut klingt, kannst du dir aus einem Blumentopf bauen.
So kommt Afrika einfach zu dir nach Hause!

Für die Trommel brauchst du einen Blumentopf, Butterbrotpapier, Kleister und ein paar Bastelzutaten. Wie es geht, steht auf den folgenden beiden Seiten.

## DAS BRAUCHST DU DAZU:

- einen Blumentopf, Ø ca. 22 cm
- Butterbrotpapier
- Kleister
- eine Schere und einen Stift
- dicke Paketschnur
- eine Plastiktüte (als Unterlage)

### 1 DAS TROMMELFELL VORBEREITEN

Zeichne 10 Kreise auf das Butterbrotpapier. Der Durchmesser der 10 Papierkreise soll 8 cm größer als der Durchmesser deines Blumentopfes sein (nimm z.B. einen passenden Topfdeckel als Schablone).

### 2 DAS TROMMELFELL KLEISTERN

Lege ein Stück Plastiktüte als Klebeunterlage auf den Tisch. Streiche die Unterlage mit Kleister ein und lege den ersten Kreis darauf. Diesen bestreichst du wieder mit Kleister und klebst einen neuen Kreis auf. Verklebe so alle 10 Papierkreise. Rolle mit dem Teigroller jede Schicht glatt und drücke Luftblasen und Kleisterreste heraus.

### 3 DAS TROMMELFELL AUFZIEHEN

Streiche den Blumentopfrand ebenfalls mit Kleister ein und ziehe dann die Trommelhaut auf. Achte darauf, dass alles zum Rand hin fest verstrichen, angedrückt und gespannt wird. Binde eine Schlinge aus Paketschnur um den Rand. Jetzt muss die Trommel mehrere Stunden trocknen!

einen Teigroller | einen Pinsel und (Plaka-) Farbe | diverse Schnüre, Bast und Bänder | Perlen | Federn | ein Kartoffelnetz

### 4 BEMALEN
Bemale deine Trommel mit Plakafarbe und lass sie gut trocknen. Inzwischen kannst du für den Rand der Trommel eine Kordel aus Bast, Bändern und Schnüren drehen oder flechten.

### 5 NETZ BEFESTIGEN
Ziehe das Kartoffelnetz wie einen Strumpf über die Trommel. Befestige es mit der Paketschnur, die das Trommelfell hält (und mit etwas Kleber) am Topfrand.

### 6 DEKORIEREN
Binde die Kordel aus Schnüren um den Rand der Trommel. Schiebe ein paar Federn durch die Kordel und stecke sie mit Perlen fest. Und jetzt: Lostrommeln!

# Gecko
## LESESPASS FÜR KLEIN UND GROSS

**Das Gecko-Abo: 6x im Jahr kommt Gecko zu Dir nach Hause.**

Randvoll mit Geschichten, Lesetipps und vielem mehr – natürlich ohne Werbung!

**Auch als Geschenk-Abo!**

Illustration: Judith Drews

Abo-Coupon ausfüllen, ausschneiden und ab die Post an: **Edition Loris – Rathje, Elbel, Wiedemann GbR, Baldurstraße 89, 80638 München.** Oder bestellen Sie das Gecko-Abonnement einfach im Internet: **www.gecko-kinderzeitschrift.de**. Unseren Leserservice erreichen Sie telefonisch unter **089-8 58 53-532**, per Fax unter **089-8 58 53-62 532** oder per E-Mail: **abo@gecko-kinderzeitschrift.de**.

### ✘ Bitte ausfüllen

○ **Ja, ich abonniere Gecko für mein Kind** zum Preis von 34,80 €/66,00 sfr für 6 Ausgaben pro Jahr. Den Bezug kann ich nach Erhalt der sechsten Ausgabe jederzeit beenden.

○ **Ja, ich möchte ein 3-Hefte-Schnupperabo** für insgesamt 17,40 €/33,00 sfr. Bestelle ich Gecko zwei Wochen nach Erhalt des dritten Heftes nicht ab, beziehe ich Gecko für mindestens ein weiteres Jahr zum Abo-Preis von 34,80 €/66,00 sfr für 6 Ausgaben pro Jahr.

○ **Ja, ich möchte ein Gecko-Abonnement verschenken.** Der oder die Beschenkte erhält Gecko 6x zum Abo-Preis von 34,80 €/66,00 sfr. Nach sechs Ausgaben endet der Bezug des Geschenkabos automatisch.

**Alle Preise beinhalten 7 % MwSt.**
Abo-Versand nach Deutschland frei Haus.
Versand in die Schweiz und in das EU-Ausland: 18,00 € Versandkosten/Jahr

Name, Vorname des Kindes | Geburtsdatum
Name, Vorname des Bestellers
Straße, Hausnummer
PLZ, Ort | Land
E-Mail-Adresse | Telefon

**Versandadresse bei Geschenkabos:**

Name, Vorname des Beschenkten | Geburtsdatum
Straße, Hausnummer (Lieferadresse)
PLZ, Ort (Lieferadresse)

**Ich habe Gecko kennengelernt über:**

○ Presse  ○ Internet  ○ Kindergarten
○ Buchhandlung  ○ Freunde  ○ Arztpraxis
○ Bibliothek  ○

○ Ich zahle gegen Rechnung (bitte Rechnung abwarten)

○ Ich zahle bequem per Bankeinzug:

Kontoinhaber
Kontonummer
Bankleitzahl
Geldinstitut
Ort, Datum, Unterschrift

Diese Bestellung kann ich innerhalb von 10 Tagen schriftlich bei der Edition Loris – Rathje, Elbel, Wiedemann GbR widerrufen. Zur Fristeinhaltung genügt die Absendung des Widerrufs innerhalb der 10 Tage (Poststempel). Edition Loris – Rathje, Elbel, Wiedemann GbR, Baldurstraße 89, 80638 München.

# Huiiiii!

Walter Wasch🐻 holte seinen 🪁 aus dem 🗄️ und rannte aus dem 🏠. Draußen fegte der Wind ihm die 🪣 vom 👦. Sein 🪁 wirbelte in der Luft herum und machte tolle Kunststücke. Plötzlich verlor Walter Wasch🐻 den Boden unter den 🦶n und flog mit seinem 🪁 in den Himmel. Es ging immer höher hinauf und die 🌳🌳🌳 und 🐄🐄 wurden immer kleiner. Sie überholten einen karierten 🐕 auf einem fliegenden 🧣 und kamen an 18 🦒🦒 vorbei, die auf einer ☁️ saßen und 🃏🃏🃏 spielten. Als der Wind sich legte, trudelten sie langsam wieder der 🌍 entgegen und landeten mit karacho in einem 🐔🐔🐔🐔🐔🐔🐔🐔🐔🐔 🌾.

Der Sohn

Der Philosofisch denkt allein,
Vater werden wäre fein.

Ja, dem Fisch erscheint das Meer
ohne Nachwuchs kalt und leer.

Wichtig ist, wenn es geschieht,
dass ihm der Knabe ähnlich sieht.

Natürlich muss er Bücher lieben und auch täglich Geige üben.

Denn so sind die Väter stolz, ist der Sohn aus gleichem Holz.

Jetzt fehlt zum Familienglück nur ein feines Gegenstück.

Und nach allerkurzer Zeit ist es dann auch schon so weit.

Text: Martin Baltscheit | Illustration: Ulf K.

# Alphabet querbeet

von Daniela Kulot

# Mm

Meerschweinchen
Manfreds
Muskeln
machen
müde
Meerjungfrauen
munter.

# Märchen-Wortsport

Text und Illustration: Stefanie Duckstein